# VENTE

### du Mardi 11 Juin 1912

## HOTEL DROUOT - SALLE N° 11

#### A DEUX HEURES

---

## EXPOSITION PUBLIQUE

### Le Lundi 10 Juin 1912

#### de 2 heures à 6 heures

# Meubles Anciens et de Style

## ENCOIGNURES EPOQUE LOUIS XV

# TABLEAUX - GRAVURES

## BRONZES

## Pendule Louis XVI

### TAPISSERIE

Me Hippolyte BONDU

COMMISSAIRE-PRISEUR

32, Rue Le Peletier, 32

---

M. Emile BERTIER

EXPERT

149, Avenue du Maine, 149

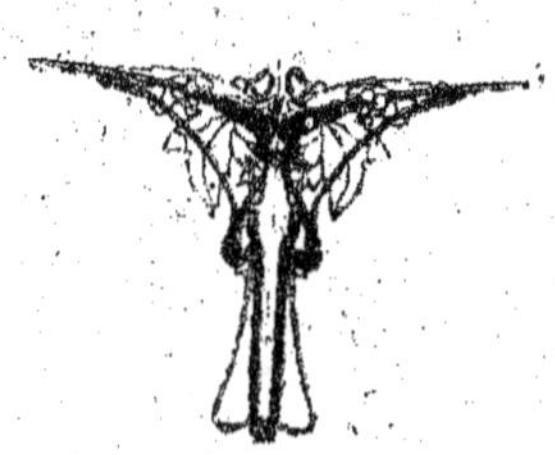

G. Chaufour, Imprim.
6-8, Rue Milton, Paris

# VENTE AUX ENCHÈRES PUBLIQUES

DE

# MEUBLES ANCIENS ET DE STYLE

*Deux Encoignures de l'Epoque Louis XV*

Salons garnis de Tapisserie d'Aubusson et Tapisserie au point

## TABLEAUX, GRAVURES, DESSINS ANCIENS ET MODERNES

PAR OU ATTRIBUÉS A

**Tournières, J. Vernet, Decamps, E. Lami, J. Lefebvre
Flandrin, Luminais, etc.**

## TOILES PEINTES

## BRONZES D'ART ET D'AMEUBLEMENT

Belle Pendule époque Louis XVI

Candélabres Empire en bronze doré

FAIENCES ET PORCELAINES ANCIENNES

Broderies, Tapisseries

# HOTEL DES VENTES, SALLE N° 11

## Le Mardi 11 Juin 1912

A DEUX HEURES

| | |
|---|---|
| **Mᵉ Hippolyte BONDU** | **M. Emile BERTIER** |
| COMMISSAIRE-PRISEUR | EXPERT |
| 32, Rue Le Peletier, 32 | 149, Avenue du Maine, 149 |

CHEZ LESQUELS SE DISTRIBUE LE CATALOGUE

## EXPOSITION PUBLIQUE

*Le Lundi 10 Juin 1912, de deux heures à six heures*

## CONDITIONS DE LA VENTE

Elle sera faite au comptant.

Les acquéreurs payeront *dix pour cent* en sus des enchères.

L'exposition mettant le public à même de se rendre compte de l'état des objets, il ne sera admis aucune réclamation une fois l'adjudication prononcée.

# DÉSIGNATION

## TABLEAUX

### AQUARELLES — DESSINS — GRAVURES

#### LE CORRÉGE (D'après)

1 — Madeleine dans le désert.
 Cadre en bois sculpté.

#### ECOLE FLAMANDE

2 — Portrait de savant portant une pelisse.

3 — Intérieur de cuisine.

#### ECOLE HOLLANDAISE

4 — Deux natures mortes.

#### ECOLE ITALIENNE

5 — Rencontre de Jésus et de Marie-Madeleine.
 Peinture sur panneau, cadre en bois doré et peint d'entre-lacs, de fleurs et féuillages.

## ECOLE DE LARGILLIÈRE

6 — Portrait de jeune femme.

Cadre ovale.

7 — Portrait de personnage de l'époque Louis XIV.

Cadre ovale.

## TOURNIÈRES (Attribué à)

8 — Portrait de jeune femme ou La Fileuse.

Cadre en bois sculpté et doré.

## VERNET (Attribué à J.)

9 — Paysage avec cours d'eau.

Au milieu d'une ile deux personnages causent en préparant leurs lignes.

## PYNACKER

10 — Paysage.

Orée d'un bois animé de personnages et animaux.

## DROUAIS (Ecole de)

11 — Quatre enfants jouant avec un chat.

## VERMER de DELFT (Attribué à)

12 — Portrait du bourgmestre.

## JEAURAT (Ecole de)

13 — La Belle cuisinière.

Cadre en bois sculpté et doré.

## ECOLE FRANÇAISE

14 — Une Fête chez les Musulmans.

Peinture sur tôle.

## LAWRENCE (Suite de)

15 — Portrait de jeune femme.

Cadre en bois sculpté et doré.

## KIERS

16 — Intérieur de cabaret.

Peinture signée.

## NETTER (B.)

17 — Coin de bois et paysage.

Peinture signée.

18 — Deux dessus de porte, peintures anciennes sur toile représentant le Petit Chaperon rouge.

19 — Six panneaux toiles peintes représentant des scènes champêtres et galantes dans le goût de XVIII^e siècle.

Haut. : 2^m40 environ ; Larg. : 1^m20.

## DECAMPS

20 — Ville d'Orient avec nombreux personnages.

Encre de Chine et lavis.
Monogramme à gauche.

21 — Pavots et fleurs diverses.

Aquarelle signée MOREL.

22 — Pavots.

Aquarelle signée C. A. MOREL.

## LAMI (EUGÈNE)

23 — Brigadier de Dragons pontificaux.

Aquarelle datée 1835 et signée.

## LEFÉBVRE (JULES)

24 — Violetta.

**Dessin signé et daté de décembre 1895.**

## FLANDRIN (HIPPOLYTE)

25 — Jeune fille en prière.

**Dessin.**
**Signé.**

## LUMINAIS

26 — Trois dessins.

**Seront divisés.**

27 — Deux gravures anciennes en couleur : Scènes de la Vie de Paul et Virginie.

28 — L'Intérieur du port de Marseille.

**Gravure par COCHIN fils et PH. LE BAS.**

29 — Le Port Neuf ou l'Arsenal de Toulon.

**Gravure par C.-N. COCHIN fils et J.-PH. LE BAS.**

30 — L'Obéissance récompensée.

**D'après BOUCHER, gravée par GAILLARD.**

31 — Le Goûter de l'automne.

**Peint par BOUCHER et gravé par R. GAILLARD.**

32 — Le Billet doux et la Confidence.

**Deux gravures par MIGER, d'après BOUCHER.**

33 — Vénus sur les eaux.

**Gravure par P.-E. MOITTE, d'après BOUCHER.**

34 — Grande chasse aux cerfs.

Gravure d'après BERGHEM, par ALLAMET.

35 — La Récompense villageoise.

Gravure par J.-P. LEBAS, d'après CL. LORRAIN.

36 — L'Intérieur du port de Marseille.

Gravure par COCHIN fils et LE BAS

37 — Le Port Neuf de l'Arsenal de Toulon.

Gravure par C. COCHIN fils et PH. LE BAS.

38 — Le Rachat de l'esclave.

Gravure d'après BERGHEM, par ALLAMET.

39 — Mort du marquis de Montcalm-Gozon.

Gravure. Dessiné par VATEAU et gravé par G. CHEVILLET.

40 — Le Manège.

Gravure. Peint par WOUVERMANS et gravé par T. MAJOR.

# PORCELAINES, FAIENCES

## OBJETS DE VITRINE

41 — Corbeille ovale en ancienne porcelaine blanche ajourée de Paris, décorée de frises dorées à feuillages de vigne et d'acanthes.

42 — Deux appliques à gaz formées par des bouteilles en ancienne porcelaine de Chine, à réserves d'arbres et oiseaux. Montures en bronze doré.

Seront divisées.

43 — Nécessaire de toilette composé de six pièces en porcelaine de Chine, à fond vert et doré, comprenant de nombreuses réserves à personnages et dessins divers.

44 — Deux jardinières en tôle émaillée, à frises dorées d'animaux chimériques sur fond rouge écaille de l'Inde.

45 — Deux corbeilles rondes en ancienne porcelaine blanche de Paris, elles sont ajourées et dorées.

46 — Plat hispano-mauresque à reflets métalliques à décors d'imbrication, fleurs, feuillages et inscriptions arabes. Fin du xv$^e$ siècle.

47 — Plat hispano-mauresque à reflets métalliques à décors de fleurs et feuillages bleus et manganèse, xvi$^e$ siècle.

48 — Plat en faïence d'Urbino décoré d'une Scène des batailles d'Alexandre, xvi$^e$ siècle.

49 — Vache en ancienne faïence de Delft.

5o — Groupe en ancienne faïence polychromée de Delft:
Laitière trayant sa vache.

5ı — Plat en ancienne faïence polychrome de Rouen,
orné de cornes d'abondances, de fleurs, feuillages,
oiseaux chimériques et insectes.

5₂ — Plaque en ancienne faïence de Delft, décorée d'un
sujet représentant un port de mer.

53 — Quinze plats en ancienne faïence de Delft à fonds
bleus et polychromes.

      **Seront divisés.**

5₄ — Deux statuettes en bois sculpté et peint, représentant
deux miséreux. Dans le goût de Jacques CALLOT.

55 — Bas-relief en marbre blanc : Tête de Vierge, du
xvıı<sup>e</sup> siècle.

      **Cadre en bois sculpté et doré.**

56 — Boîte drageoir en argent gravé et doré à quadrillages
et à fleurs, xvıı<sup>e</sup> siècle.

57 — Groupe en ivoire sculpté : Saint-Michel terrassant
le démon, base en écaille de l'Inde, à ornements
d'argent, xvıı<sup>e</sup> siècle.

58 — Plaque ovale en émail de Limoges représentant :
La Cène.

      **Cadre en bronze doré.**

# BRONZES

**59** — Pendule en bronze ciselé et doré et marbre blanc du temps de Louis XVI.

> La base en marbre blanc est ornée sur le devant d'un bas-relief qui représente des enfants à la chasse d'un sanglier, la base et les côtés sont ornés de frises et rinceaux, le mouvement supporte une des suivantes de Diane et un amour, le tout en bronze finement ciselé et doré.
> Le cadran est signé : BRUEL à Paris.

**60** — Cartel bronze doré style Louis XVI.

**61** — Pendule de table en bronze, fin du xviiie siècle.

**62** — Deux candélabres à trois lumières, de style Louis XVI. Ils sont formés chacun par une base en marbre blanc entourée de perles, un bacchant dansant ou jouant de la flûte de Pan et de trois branches de tulipes en bronze, finement ciselé et doré.

**63** — Paire de candélabres de style Louis XV, formés par deux nymphes en biscuit soutenant trois branches de lumières électriques.

> Maison RAINGO.

**64** — Deux candélabres Empire à quatre lumières en bronze ciselé et doré, soutenues par des statuettes en bronze à patine brune représentant : Diane et Apollon.

**65** — Groupe en bronze représentant : Jupiter et Leda.

> Signé : FEUCHER.

**66** — Saint-Georges, sujet en bronze de FRÉMIET.

**67** — Lustre en bronze ciselé à sept lumières, style Louis XV.

68 — Paire de lampes de style Louis XV en bronze ciselé et doré ayant la forme de vases ornés de bas-reliefs. Elles sont montées à l'électricité.

69 — Lustre en bronze et cristaux de style Louis XVI, à huit lumières électriques.

70 — Torchère, formée par un sujet en bronze allégorique à l'électricité.

71 — Lampe de style Louis XV forme trépied en bronze argenté. Elle est préparée pour l'électricité.

72 — Miroir de toilette en bronze ciselé de style Louis XV.

73 — Quatre chandeliers en cuivre argenté ornés de draperies et palmettes, époque Empire.

# MEUBLES

74 — Deux encoignures Louis XV en bois de placage
ouvrant chacune à deux vantaux. Elles sont garnies
d'un encadrement, de chutes, d'un tablier et de sabots
en bronze ciselé et doré et surmontées d'une tablette
de marbre brèche d'Alep. Signées : C. WOLFF.

75 — Porte-manteau de style gothique et à voussure,
formé en partie par des panneaux anciens en bois
sculpté.

76 — Petite table ovale à un tiroir en bois de rose orné
de marqueterie à fleurs. Dessus de marbre entouré
d'une galerie en cuivre. Epoque Louis XVI.

77 — Commode Louis XV en bois de placage, ornée
d'entrées, poignées et chutes en bronze ciselé et doré.
Dersus de marbre Sainte-Anne.

78 — Médaillier en acajou Louis XV.

79 — Table de nuit en bois de rose et violette, entrées et
sabots en bronze et dessus marbre rouge.

80 — Bergère de style Louis XVI en bois sculpté et doré
et recouverte de soie brochée.

81 — Lit de repos Directoire en bois sculpté et peint,
recouvert en brocatelle de soie rayée.

82 — Table à thé en bois de rose et violette garnie de
bronzes ciselés et dorés. Maison BETRAND.

83 — Secrétaire en acajou d'époque Louis XVI en forme
de chiffonnier simulant huit tiroirs, entrées et poignées en cuivre et dessus en marbre blanc veiné.

84 — Glace en bois sculpté et doré. XVIII<sup>e</sup> siècle.

85 — Table-bouillotte de style Louis XVI en acajou à
double tablette se trouvant dans une galerie en cuivre.
La ceinture contient deux tiroirs et deux tirettes.

86 — Deux consoles de style Louis XVI en bois sculpté
et peintes en gris. La ceinture est ornée d'une frise
d'entrelacs et rosaces. Dessus marbre blanc veiné.

Pourront être divisées.

86 *bis* — Console bois doré Louis XV, recouverte d'un
marbre brèche d'Alep.

87 — Fauteuil de l'époque Louis XIV en bois sculpté et
canné.

88 — Petite table-bureau Louis XVI en bois satiné et de
couleur, à deux tiroirs et ornée de bronzes.

# TAPISSERIES

## ÉTOFFES BRODÉES

89 — Ecran ancienne broderie sur velours rouge, tissé d'argent et soie, représentant un vase d'où partent des branchages, fleurs et feuillages dans lesquels sont perchés des oiseaux. Monture bois sculpté et doré.

90 — Paravent à quatre feuilles, ancienne broderie de fleurs et feuillages sur étoffe lamée d'or.

91 — Meuble de salon de style Louis XIV en noyer sculpté composé de : un canapé et quatre fauteuils recouverts de tapisserie d'Aubusson à vases remplis de fleurs.

92 — Fauteuil en acajou de l'époque Empire garni de tapisserie au point.

93 — Meuble de salon de style Régence en bois sculpté et ciré, composé de un canapé, deux bergères et deux fauteuils recouverts de tapisserie au point à fleurs et feuillages de pavots.

94 — Tapisserie ancienne des Flandres représentant un sacrifice à Vénus, scène à grands et petits personnages au milieu d'un paysage.

95 — Objets omis.

www.ingramcontent.com/pod-product-compliance
Lightning Source LLC
LaVergne TN
LVHW010853180726
843502LV00010B/3867